AU PEUPLE.

PEUPLE,

C'est TOI dont le bras infatigable laboure, plante, sème, moissonne ;

C'est TOI qui bâtis les granges, les maisons, les palais et les temples ;

C'est TOI dont la féconde industrie tisse les habits somptueux et les brillantes parures ;

C'est TOI enfin, PEUPLE, qui *produis tout!*..

C'est aussi TOI, PEUPLE, qui ne *jouis de rien!!*

Le TRAVAIL et la MISÈRE !

Voilà ta cruelle destinée.

Et ce n'est pas tout.

Comme s'il ne suffisait pas que tu arroses la terre de tes *sueurs* et de tes *larmes*, il faut encore que tu l'inondes de ton sang!

LA GUERRE ! LA GUERRE !

PAUVRE PEUPLE !

C'est TON SANG qui ruisselle sur les champs de bataille.

On t'arrache au TRAVAIL, pour te livrer à la MORT!

Et *tes enfans*, qui en prend soin? — Personne.

Ils sont laissés à ta charge.

A ta charge : PAUVRE PEUPLE ! mais n'es-tu pas déjà trop chargé?

Tu peux à peine, par un travail excessif, soutenir ta misérable existence ; il faut encore que tu nourrisses, que tu élèves tes enfans!

Aussi quelle éducation reçoivent-ils?

Obligés de gagner leur vie dès l'âge le plus tendre, ils se livrent à un travail abrutissant et ne peuvent parvenir à rien.

Mais, dira-t-on peut-être, les enfans *appartiennent* à leurs parens ; la société ne peut s'en *occuper*.

Mensonge !

Tendres mères, s'ils vous *appartiennent*, pourquoi vient-on vous les *ravir* au jour de la conscription ?

Alors, mais alors seulement, la société *s'occupe* de vos enfans ;

Oui, pour en faire des *machines à tuer*, de la *chair à canon !*

Et *tes vieillards*, PAUVRE PEUPLE ! que deviennent-ils ?

Lorsque le poids des ans les courbe vers la terre et les approche du tombeau, le repos serait si nécessaire à leurs têtes blanches !

— Eh bien ! non ; ils ne se reposeront pas !

— Ils ont tant travaillé pourtant ?

— N'importe ; il faut encore qu'ils travaillent, et qu'ils meurent à la peine !!

PEUPLE ! PEUPLE !

Que tu es malheureux ! que ton sort est à plaindre !

Mais va, console-toi ; prends patience.

Espère en DIEU.

Espère en NOUS.

Cette terre, vallée de larmes, qui n'eut pour toi, jusqu'à ce jour, que des ronces sèches, que des épines sanglantes, tu la *maudissais* comme une TERRE D'EXIL.

Mais bientôt, changée en un lieu de délices, elle n'aura plus pour toi que des fleurs aux couleurs riantes, des fruits aux parfums délicieux, et tu la *béniras* comme ta CÉLESTE PATRIE.

Car *le* RÈGNE DE DIEU *arrive ;*

Sa volonté va être faite sur la TERRE *comme au* CIEL.

PEUPLE, tu le vois, nous connaissons ton mal;
Mais en savons-nous le remède?

Oui, nous le savons; écoute:

L'ISOLEMENT dans lequel tu languis, voilà la cause de ton malheur.

L'ASSOCIATION sera le remède à toutes tes souffrances.

Jusqu'à ce jour tu as gagné ta vie comme tu l'as pu, sans que personne vînt jamais s'informer si tu avais du travail et du pain.

Ton voisin, s'il exerce la même profession que toi, est souvent ton plus grand ennemi; il ne cherche point à te procurer de l'ouvrage, mais, au contraire, à t'enlever celui que tu peux avoir.

Dans l'avenir tu ne seras plus abandonné à toi-même, à ta faiblesse, à ta misère.

Tu n'auras plus d'ennemis intéressés à ta ruine, t'arrachant le travail des mains et le pain de la bouche.

Tous t'aimeront, tous seront tes soutiens et tes protecteurs;

Car tous les hommes se sentiront FRÈRES, et tous seront associés en une seule famille.

Or, dans cette FAMILLE UNIVERSELLE,

L'ÉDUCATION sera donnée à TOUS indistinctement, au fils du plus pauvre, comme au fils du plus riche.

Car *tous* les enfans sont égaux *devant* DIEU, *dans le* CIEL;

Pourquoi ne le seraient-ils pas *devant* LES HOMMES, *sur la* TERRE?

Ne sont-ils pas tous également nus et faibles en naissant?

Et si l'on donne à tous des langes pour les couvrir, le sein d'une femme pour les allaiter, pourquoi refuserait-on au plus grand nombre l'éducation qui peut seule développer leurs facultés?

N'est-il pas d'ailleurs dans l'intérêt de la société de former des citoyens capables de la bien servir?

C'est ainsi que le laboureur sème pour récolter un jour.

L'ÉDUCATION sera entièrement *gratuite*.

Non seulement les parens n'auront pas à payer les soins que l'on donnera à leurs enfans, mais encore ils seront déchargés de tous les frais de leur nourriture et de leur entretien.

Rien de plus juste; car s'ils n'avaient pas les moyens de nourrir et entretenir leurs enfans sans rien faire, faudrait-il que ceux-ci fussent privés de l'éducation à laquelle TOUS ont un droit égal?

L'ÉDUCATION sera divisée en deux parties, l'une *morale*, l'autre *professionnelle*.

L'ÉDUCATION MORALE sera la première et la plus importante.

Elle aura pour objet d'initier les enfans au sentiment de la *fraternité universelle*, d'inculquer dans *chacun d'eux* l'amour de *tous* les hommes, *enfans égaux* d'un *seul* DIEU ; en un mot, de former leurs jeunes cœurs à la vertu, en leur inspirant des sympathies douces et religieuses.

L'ÉDUCATION PROFESSIONNELLE viendra ensuite.

Elle aura pour objet de développer les différentes facultés des enfans, et de leur enseigner à chacun suivant ses dispositions naturelles;

Soit un ART, comme la poésie, la musique, la peinture ou la sculpture ;

Soit une *science*, comme les mathématiques, la physique, l'histoire naturelle ou la botanique;

Soit une *industrie*, comme la menuiserie, la serrurerie, l'agriculture ou le négoce. . . . .

Ainsi l'éducation ne consistera plus seulement à enseigner aux enfans la lecture, l'écriture et le calcul.

Car, si tous les hommes ne savaient que cela, ils périraient bientôt et de froid et de faim.

Mais tous les enfans apprendront des états, chacun selon son goût, selon *sa vocation* qui vient de DIEU, et non selon *le hasard de sa naissance*, selon la condition de son père.

Pourquoi le fils d'un simple ouvrier, s'il a des talens, ne deviendrait-il pas ingénieur, médecin ou magistrat?

LA FONCTION sera donnée à *chacun* suivant SA CAPACITÉ.

On le sent, rien de plus *juste*, rien de plus *utile*.

La société fournira à *chacun* l'instrument de son travail;

A l'un une terre, à l'autre un atelier, à celui-ci une boutique, à celui-là une bibliothèque.

La SOCIÉTÉ sera organisée comme une ARMÉE.

Mais au lieu que les armées d'aujourd'hui sont *guerrières* et ont pour but la *destruction*, les armées de l'avenir seront *pacifiques* et n'auront d'autre but que la *production*.

L'ouvrier sera, comme le soldat, mais beaucoup mieux que le soldat, logé, vêtu, nourri, etc.

Il pourra s'élever et monter en grade, d'ouvrier devenir chef, comme le soldat devient caporal, sergent, etc.

Il n'aura jamais à craindre que le travail lui manque, car la société qui l'adopte se charge de lui en fournir.

Ainsi plus de MENDICITÉ; plus d'hommes réduits par le manque d'ouvrage, à tendre aux passans une main suppliante.

Plus d'AUMÔNE; elle avilit l'homme, elle engendre la fainéantise et toutes sortes de vices, et ne guérit pas la misère du pauvre.

Il y aura du travail pour *tous*, et ce travail sera payé *convenablement*, bien mieux qu'il ne l'a jamais été.

Car, dans cette ORGANISATION DE L'INDUSTRIE, il n'y aura plus de *concurrence*.

La CONCURRENCE est la RUINE des *travailleurs*.

C'est elle qui fait baisser le prix de l'ouvrage, et par conséquent le salaire de l'ouvrier.

Alors les *machines*, qui, aujourd'hui, coupent les bras des ouvriers, au profit de quelques fabricans, seront employées très-avantageusement au profit de tous les associés ;

Car, au lieu d'appartenir à quelques individus, elles appartiendront à la société.

Et tandis que, d'une part, elles diminueront la peine de l'ouvrier, d'autre part, elles serviront à fabriquer une plus grande masse de produits.

Elles faciliteront ainsi le travail et augmenteront la richesse.

LA RÉTRIBUTION sera donnée à *chacun*, suivant SES ŒUVRES.

On ne verra plus le *travail* languissant dans l'indigence et l'opprobre, pendant que l'*oisiveté* se redresse dans l'opulence et l'*orgueil*.

Et surtout l'on ne verra plus des *travailleurs* et des *oisifs* se frappant d'une HAINE réciproque.

Tous les hommes vivront en *frères* dans la *grande famille*.

Tous TRAVAILLERONT,

Non par *force*, mais par *vertu* et même par *plaisir*;

Par vertu, car dès leur plus tendre enfance, ils auront appris que tous les hommes sont égaux, et que le travail est la *commune loi*.

Par plaisir, car le travail sera devenu extrêmement facile et agréable.

Personne ne viendra dire : *Je ne travaille pas, je suis riche, je vis de mes rentes.*

Car, *vivre de ses rentes,* c'est VIVRE DES SUEURS DU PEUPLE.

Plus d'OISIVETÉ! On la méprisera dans l'avenir, comme aujourd'hui les soldats méprisent la LACHETÉ.

L'oisiveté est la mère de tous les vices.

Pour avoir le droit de ne rien faire, de se reposer, il faut avoir déjà travaillé.

LA RETRAITE est assurée à TOUS les TRAVAIL-LEURS;

Retraite honorable, pleine de douceurs et de charmes, où le vieillard trouvera enfin la digne récompense des longues fatigues de sa vie.

La vieillesse ne sera point, comme aujourd'hui, condamnée au travail ou à la mendicité, ou bien reléguée, avec un avare mépris, dans une *maison de charité.*

Mais le vieillard, entouré d'une famille qui l'aime sincèrement et qui n'attend point sa mort avec une sordide impatience, pourra s'endormir doucement dans le sein de son DIEU;

Et l'immense bonheur qui est assuré à ses enfans, sourira à ses yeux demi-éteints, comme la plus brillante consolation.

PEUPLE, voilà le sort que nous voulons te faire;
Juge maintenant si nous sommes tes amis.

Mais comment parviendrons-nous à réaliser cette ère de bonheur que nous te prophétisons?

Déjà je te vois brandissant un fer aigu, ou saisissant un lourd pavé pour terrasser tes ennemis.

Arrête-toi.

Ce n'est point par la *guerre,* mais par la *paix* seule que nous obtiendrons pour toi cette nouvelle LIBERTÉ.

Jusqu'à ce jour, PAUPRE PEUPLE, tu as été le jouet

des partis qui te poussaient sur les places publiques ou sur les champs de bataille, à l'émeute ou à la guerre.

Dis-le-moi, que t'en revenait-il?

Tu abandonnais au désespoir et à la misère tes femmes, tes enfans, tes mères, tes vieillards.

Tu triomphais par ton courage héroïque, car tu voulais *vaincre* ou *mourir*.

Mais d'autres n'arrivaient-ils pas aussitôt, qui t'escamotaient la victoire?

Car ils craignaient ou feignaient de craindre que ton ardeur généreuse ne se changeât en fureur de pillage.

Et, tout couvert de blessures sanglantes, tes membres mutilés, l'on te chassait indignement, plus misérable que jamais, au fond de tes réduits obscurs;

Ou bien, par une pitié ironique et cruelle, on t'accordait la faveur d'*une place à l'hôpital*.

PAUVRE PEUPLE! comme on te jouait!

C'est pourquoi nous qui sommes tes vrais amis, nous qui connaissons ton mal et qui en savons le remède,

Nous ne te disons pas : VA TE BATTRE.

Mais nous te disons : TRAVAILLE.

PLUS D'ÉMEUTES! PLUS DE GUERRE!

PLUS DE SANG!

LA PAIX! LA PAIX! VIVE LA PAIX!!!

VIDAL,
Apôtre, Compagnon de la FEMME.

BÉZIERS, IMPR. MARIOGE.

Vidal,

APÔTRE,

COMPAGNON DE LA FEMME,

En Prison.

« Il faut nous tenir prêts pour un événement im-
« mense dans l'ordre divin, vers lequel nous mar-
« chons avec une vitesse accélérée qui doit frapper
« tous les observateurs. Il n'y a plus de religion sur
« la terre : le genre humain ne peut demeurer dans
« cet état. Des oracles redoutables annoncent d'ail-
« leurs que *les temps sont arrivés.* »

DE MAISTRE, *Soirées de Saint-Pétersbourg.*
1821.

A Beziers,

Vᵉ BORY, IMPRIMEUR-LIBRAIRE.

—

1833.

Vidal,

APÔTRE,

COMPAGNON DE LA FEMME,

En Prison.

« Il faut nous tenir prêts pour un événement im-
« mense dans l'ordre divin, vers lequel nous mar-
« chons avec une vitesse accélérée qui doit frapper
« tous les observateurs. Il n'y a plus de religion sur
« la terre : le genre humain ne peut demeurer dans
« cet état. Des oracles redoutables annoncent d'ail-
« leurs que *les temps sont arrivés.* »

DE MAISTRE, *Soirées de Saint-Pétersbourg.*
1821.

Au nom de DIEU, *tendre* MÈRE et *bon* PÈRE
de *toutes* et de *tous*, écoutez cette parole, car
elle est vraie.

LE JOUR EST PROCHE D'UN MÉMORABLE JUGEMENT.

HOMMES et FEMMES préparez-vous.

Le règne de l'*Homme seul* touche à sa fin;
c'était celui de la GUERRE, de l'EXPLOITATION,
de la HAINE.

Voici venir le règne de l'HOMME et de la FEMME, et c'est celui de la PAIX, de l'ASSOCIATION, de l'AMOUR.

C'est le RÈGNE de DIEU tant promis à la terre.

Salut à l'HOMME ! espoir en la FEMME, qui ont mission d'engendrer l'humanité à la vie de l'avenir !

IL est venu ; ELLE viendra.

Gloire à DIEU !

LE Monde nous persécute, car il ne nous connaît pas encore, mais il nous connaîtra bientôt.

Nous lui pardonnons de bon cœur, et nous prions nos amis de lui pardonner également.

Quand il nous connaîtra, nous, ses meilleurs amis, quand il saura que pour son bonheur nous avons tout sacrifié, fortune, considération, et jusqu'aux sentimens les plus doux de la nature, oh ! comme il nous aimera !

NOTRE vie est au monde ; nous la lui donnons, qu'il la prenne.

Notre vie est une vie de courage et de patience, de raison et de franchise, de justice et de bonté ; nous la lui livrons ; qu'il s'en empare.

Il s'en emparera, soit que, superstitieux et fanatique, il nous poursuive de ses huées et

nous accable de ses pierres; soit que, raison-
neur et sceptique, il nous lance ses argumens et,
nous couvre de ses risées; soit enfin, qu'injuste
et immoral, il calomnie notre dévouement et
nous jette dans ses prisons.

Oui, de quelque manière qu'il se mette en
rapport avec nous, Gloire à Dieu! car il prend
notre vie.

En nous frappant, il nous touche; en discu-
tant contre nous, il nous écoute; en nous jetant
sa haine, il reçoit notre amour.

Le Monde est malade, et nous sommes ses
médecins.

Et c'est pourquoi il est bon qu'il se manifeste
à nous dans ses douleurs et dans ses plaies.
Mieux nous connaîtrons son mal, plus il nous
sera facile d'appliquer le remède.

En ressentant sa brutalité, en voyant son
aveuglement, en souffrant de ses antipathies,

Nous puisons dans le sein de l'immense bonté
une douceur plus patiente, des lumières plus
vives, un amour plus puissant et plus religieux;

Afin de modérer la fièvre de sa fureur, d'il-
luminer les ténèbres de son ignorance et d'em-
braser son cœur, que la haine dévore, du feu
divin de l'éternel amour.

Vienne donc la persécution! Elle affermit
notre dévouement, gonfle d'orgueil notre poi-
trine et nous inonde de joie;

Car nous savons que jamais vérité salutaire
ne triompha dans le Monde sans passer par de
longues et cruelles épreuves.

Et nous espérons qu'à ces malédictions pas-

sagères succèderont un jour des concerts de
bénédictions.

De quoi ne viennent pas à bout la *Foi*, *l'Espérance* et l'AMOUR ?

Un homme, ah! qu'il s'initie à mon jeune
courage; qu'il ouvre vite les yeux à la lumière
que je lui montre, et son cœur aux généreux
sentimens que je lui voudrais inspirer ; un
homme (son nom se cache sous des initiales)
profite pour m'attaquer de ce qu'il ne m'est pas
permis de me défendre.......... Cela n'est pas
bien......... Cela m'a fait de la peine........
Dès que j'en eus connaissance, j'adressai la
lettre suivante à M. le substitut, faisant les
fonctions de Procureur du Roi.

Monsieur le Procureur du Roi,

On vient de me remettre un écrit intitulé :

OBSERVATIONS

Sur l'appel au peuple du sieur Vidal,
Se disant apôtre Saint-Simonien,
Compagnon de la Femme.

Je ne puis y répondre sans citer des phrases
omises, sans rétablir des textes tronqués avec
une intention que l'on pourrait croire déloyale.
Je viens vous demander jusqu'à quel point je
puis me permettre de donner des extraits d'une

feuille qui, en m'exposant à toutes les rigueurs
de l'autorité, m'attire encore, de la part d'un
homme qui a craint de se faire connaître, le
reproche injurieux *de me mentir à moi-même et*
d'en imposer à mes propres convictions !....

Si vous avez la bonté de donner une réponse
à cette lettre je vous serai reconnaissant.

J'ai l'honneur de vous saluer, Monsieur le
Procureur du Roi, avec les sentimens d'un
apôtre.

VIDAL, Apôtre,
Compagnon de la Femme.

Prison de Beziers, 10 juillet 1833.

Cette lettre est demeurée sans réponse; dois-
je m'en étonner? la rumeur publique accuse le
magistrat à qui je demandais conseil, d'être l'au-
teur de l'écrit anonyme publié contre moi.

Sous quelque nom que se présentent les enne-
mis de la société, l'homme de bien doit toujours
être disposé à les combattre.

Avez-vous bien compris, Monsieur H. D., la
portée de ces paroles ?

Quoi! telle est l'épigraphe que vous choisis-
sez pour réfuter une adresse au PEUPLE (je dis
adresse et non *appel*; vous n'avez pas senti la
différence) qui se terminait par ces mots :

« C'est pourquoi nous qui sommes les vrais
« amis,

« Nous qui connaissons ton mal et qui en sa-
« vons le remède, nous ne te disons pas : VA TE
« BATTRE ;

« Mais nous te disons : TRAVAILLE.

« PLUS D'ÉMEUTES! PLUS DE GUERRES !

« PLUS DE SANG !

« LA PAIX ! LA PAIX ! VIVE LA PAIX ! »

Et c'est nous que dès l'abord vous signalez à l'opinion publique comme *des ennemis de la société!* C'est nous que *l'homme de bien doit toujours être disposé à combattre!*

Maintenant je vous le demande, qui sont ceux qui poussent au combat, qui excitent à la guerre ?

Comment des magistrats osent-ils répandre parmi le peuple des écrits de cette nature? Comment ensuite viendront-ils prêcher la tolérance à des masses fanatiques? Comment nous protégeront-ils de la fureur de ceux qui en veulent à nos jours; de ceux qui, à Montpellier, m'assaillirent pendant trois mois de leurs pierres et de leurs cris de mort ; de ceux qui, à Tarascon et ʾ Marseille, fendirent la tête à deux de mes camarades; de ceux qui, à Mende, poursuivirent pendant deux lieues, à coups de fourches et à coups de fusils, douze de mes frères qui traversaient paisiblement cette ville?

Comment, Monsieur, ferez-vous entendre à tous ces hommes qu'ils ne sont pas des hommes de bien? Ils nous combattent à leur manière, et vous à la vôtre. Et la vôtre est perfide......

Excusez mon indignation ; je n'ai contre vous aucun fiel; je vous pardonne, je vous aime ; je vous aime d'autant plus que vous avez plus besoin de mon amour.

Et c'est pourquoi à l'épigraphe que vous a fournie J. J. j'opposerai des paroles pacifiques, dignes d'un homme bon et religieux, et qui conviennent aux apôtres de la nouvelle foi :

Il n'entre point dans nos habitudes de faire des récriminations contre personne (*A. Rousseau, croyant à l'égalité de l'Homme et de la Femme.*)

Nous voulons *tout renverser*, dites-vous, *tout détruire dans le monde social, sans respect pour ce qu'il y a de plus sacré : la morale et la propriété.*

Rassurez-vous, Monsieur, nous ne voulons rien renverser, rien détruire;

Mais nous venons, suivant la mission que Dieu nous a donnée, montrer comment tout se transforme et tout se régénère, soit par nous qui avons conscience de l'œuvre que nous accomplissons, soit par vous-même et par d'autres dont les passions individuelles viennent encore par instinct pousser le char du progrès.

Vous le voyez vous-même, vous le sentez comme moi; *la vieille société se dissout et se meurt.*

S'il fallait quelque preuve à l'appui de cette vérité, je n'en voudrais pas d'autre que vos efforts à retenir dans sa chute l'édifice qui croule, votre zèle à empêcher que personne n'y touche.

Pour démolir des ruines, pour renverser ce qui tombe, il ne vaudrait pas la peine vraiment de faire tant de bruit.

Pour une œuvre aussi mesquine, vous auriez raison d'accuser de folie notre inconcevable dévouement.

Si donc quelquefois nous parlons de ce vieux monde où les partis se battent, où les individus se déchirent,

C'est pour le comparer au monde de l'avenir que, sur un plan nouveau et sur des bases nouvelles, nous avons mission de prophétiser, et puissance d'édifier,

Et c'est aussi pour appeler *toutes* et *tous* à nous aider dans l'œuvre gigantesque de sa divine création.

Sans *respect pour ce qu'il y a de plus sacré : la morale et la propriété.*

Mais de grace, qu'est-ce donc que cette morale que l'on nous vante tant?

Et cette propriété, véritable arche sainte à laquelle vous craignez qu'on ne porte la main?

Monsieur, écoutez-moi.

Je suis en prison, ayant d'un côté une femme accusée d'avoir tué son enfant pour sauver *cette morale*, et de l'autre un homme accusé d'avoir assassiné deux hommes pour défendre *cette propriété*.

Est-ce d'une telle morale et d'une telle propriété, que vous voudriez, vous aussi, vous constituer le défenseur? D'une morale et d'une propriété qui ne pourrait être conservée qu'à ce prix?

Ah ! non sans doute, je ne saurais le croire ; et d'ailleurs je trouve dans votre écrit lui-même, que dis-je ? dans le commencement de votre phrase une preuve du contraire.

Quand vous dites :

« *Après cette rupture, fondée sur une dissi-* « *dence de principes, restèrent d'un côté les par-* « *tisans de Saint-Simon*, amis de l'ordre et de « la morale publique ; *de l'autre, ceux qui vou-* « *laient tout renverser, tout détruire, etc.* »

Vous n'ignorez pas, sans doute, que ces partisans de Saint-Simon dont vous parlez furent les premiers à faire la critique de la morale et de l'ordre actuels, et que la question qui parut nous séparer était une question de réédification et non de démolition.

Il ne s'agissait pas entre nous d'attaquer et de défendre le vieil édifice social, mais de savoir sur quel plan serait élevé l'édifice nouveau.

ENFANTIN *seul*, LE PÈRE, avait une conception ; il la proclama, en annonçant qu'elle serait d'abord *incomprise*, n'étant la conception que de l'HOMME *seul* et non de l'HOMME et de la FEMME.

C'est ce qui arriva, et plusieurs se retirèrent en protestant.

C'est-à-dire qu'ils abandonnèrent une œuvre à laquelle ils n'étaient pas appelés, et qu'ils ne comprenaient plus, pour aller séparément se livrer à des œuvres qu'ils comprenaient, et auxquelles ils se sentaient appelés.

Et ils firent bien.

Car en protestant contre nous ils apprirent au monde à protester comme eux, et dès-lors un grand progrès fut accompli.

Le Monde, pour nous combattre, se fit *quasi-Saint-Simonien.*

C'est ce qui vous arrive à vous-même, Monsieur, dans les attaques que vous dirigez contre moi;

Comme il est facile d'en juger par votre phrase ci-dessus et par l'ensemble de vos observations.

Le reproche que vous nous adressez de vouloir tout renverser, tout détruire, s'appliquerait donc bien mieux à ces partisans de Saint-Simon qui se bornèrent à critiquer ce qui existe sans savoir ce qu'il fallait mettre à sa place.

Et si vous avez appelé ces hommes *amis de l'ordre et de la morale publique*, c'est parce que vous avez compris qu'ils voulaient en effet un ordre et une morale publique, quoiqu'ils ne voulussent plus de l'ordre ancien et de la morale ancienne.

Et c'est aussi parcequ'avec eux et avec nous sans doute vous voulez un ordre nouveau et une morale nouvelle.

Mais quel est cet ordre nouveau, cette morale nouvelle que nous annonçons et que nous voulons fonder?

Telle est, Monsieur, à votre insçu peut-être,

la question que vous vous faites, et cette question part d'un homme éminemment progressif et raisonnable.

Jamais l'humanité, disait Saint-Simon, ne livrera sa vieille mesure à détruire sans connaître, l'édifice nouveau qui lui est préparé.

Cependant, au lieu de chercher la réponse à cette question dans de vagues rumeurs, inventées par l'ignorance et la méchanceté, n'auriez-vous pas fait plus sagement de consulter des hommes éclairés et entendus sur ces matières, ou de lire des ouvrages qu'un homme de votre qualité pourrait bien avoir à sa disposition.

Vous n'eussiez point répété contre nous, bien innocemment j'en suis sûr, des calomnies usées, et que réfutent aisément les personnes qui nous ont vus et entendus une fois.

Vous dites : « Ainsi, après avoir détruit le « foyer domestique, ils flétrirent la société con- « jugale ; après avoir cherché à changer l'ordre « des successions, ils prêchèrent la communauté « de tous les biens ; après avoir prêché l'égalité « devant Dieu, ils prêchèrent, enfin, l'égalité « entre tous les hommes.

« Ces doctrines anarchiques, subversives de « toutes les lois, etc. »

Quant à la dernière inculpation, celle d'avoir prêché *l'égalité entre tous les hommes*, je ne la repousse point ; elle est vraie.

Même je pense qu'il a fallu, Monsieur, quelque distraction dans votre esprit pour que votre plume ait pu tracer un reproche de cette nature.

L'égalité entre tous les hommes est une vérité si palpable, que l'on rougirait d'en contester l'évidence.

Tout ce que peut faire aujourd'hui l'égoïsme le plus étroit, c'est de chercher à éluder les conséquences du principe.

Et vous, Monsieur, vous qui sans doute connaissez le Droit Romain, n'y avez-vous pas vu souvent, écrit en toutes lettres, ces mots : *Omnes homines sunt æquales* : tous les hommes sont égaux ?

Mais, peut-être, par égalité entre tous les hommes, avez-vous entendu ce nivellement démocratique, destructif de toute société.

Et alors, Monsieur, vous auriez eu raison de nous en faire un reproche.

Mais heureusement que nous ne prêchâmes jamais une telle absurdité.

Nous qui avons pris pour programme :

A CHACUN LA FONCTION SUIVANT SA CAPACITÉ, ET LA RÉTRIBUTION SUIVANT SES OEUVRES;

Comment aurions-nous pu, sans une contradiction manifeste, prêcher un tel nivellement?

Au contraire, nous avons mille fois répété que l'inégalité entre les hommes est la condition vitale de toute société.

Mais quelle est donc cette égalité que nous prêchons? Monsieur, écoutez-moi:

JÉSUS-CHRIST, dont la religion fut fondée sur

la mort, sur l'espoir d'une vie à venir, plaça cette égalité à la tombe ; car la tombe c'est le berceau d'une vie nouvelle.

Robespierre, ou du moins les hommes que son nom représente, voulurent établir une égalité , qui n'est pas dans la nature ; dans tout le cours de la vie, l'inégalité des hommes est évidente sous le triple aspect MORAL, *physique* et *intellectuel*.

SAINT-SIMON enfin, qui fonda sur la vie sa philosophie religieuse, plaça l'égalité au berceau. Et en cela il ne fesait qu'accomplir la prophétie de JÉSUS, qui avait prêché l'égalité du berceau, dans une vie future.

Et c'est ce que j'exprimais dans l'adresse au peuple quand j'ai dit :

« Tous les hommes se sentiront FRÈRES, et tous « seront associés en une seule famille.

« Or, dans cette FAMILLE UNIVERSELLE,

« L'EDUCATION sera donnée à TOUS indis- « tinctement, au fils du plus pauvre, comme au « fils du plus riche.

« Car *tous* les enfans sont égaux *devant* DIEU, « *dans le* CIEL ; pourquoi ne le seraient ils pas « *devant* LES HOMMES *sur la* TERRE?

« Ne sont ils pas tous également nus et faibles. « en naissant? »

Mais comment se fait-il , Monsieur, que vous nous accusiez encore d'avoir prêché la communauté des biens?

N'avez-vous jamais lu cette lettre si connue , qu'adressèrent en 1830 au président de la chambre des députés, Bazard–Enfantin, les deux chefs de la doctrine Saint Simonienne.

En voici un extrait :

« Le système de la communauté des biens s'entend universellement du partage *égal* entre tous les membres de la société, soit du fonds lui même de la production, soit des fruits du travail de tous.

« Les Saint-Simoniens repoussent ce partage égal de la propriété, qui constituerait à leurs yeux une violence plus grande, une injustice plus révoltante que le partage inégal qui s'est effectué primitivement par la force des armes, par la conquête.

« Car ils croient à l'INÉGALITÉ *naturelle* des hommes, et regardent cette inégalité comme la base même de l'association, comme la condition indispensable de L'ORDRE social.

« Ils repoussent le système de la communauté des biens, car cette communauté serait une violation manifeste de la première de toutes les lois morales qu'ils ont reçu mission d'enseigner, et qui veut qu'à l'avenir *chacun soit placé selon sa capacité, et rétribué selon ses œuvres.*

« Mais, en vertu de cette loi, ils demandent l'abolition de tous les priviléges de la naissance *sans exception*, et par conséquent la destruction de l'HÉRITAGE, le plus grand de tous ces priviléges, celui qui les comprend tous aujourd'hui, et dont l'effet est de laisser au *hasard* la répartition des avantages sociaux, parmi le petit nombre de ceux qui peuvent y prétendre, et de condamner la classe la plus nombreuse à la *dépravation*, à l'*ignorance*, à la *misère*.

« Ils demandent que tous les instrumens du travail, les terres et les capitaux qui forment aujourd'hui le fonds morcelé des propriétés particulières, soient réunis en un fonds social, et que ce fonds soit exploité par *association* et HIÉRARCHIQUEMENT, de manière à ce que la tâche de chacun soit l'expression de sa *capacité*, et sa richesse la mesure de ses *œuvres*.

« Les Saint-Simoniens ne viennent porter atteinte à la constitution de la propriété, qu'en tant qu'elle consacre, pour quelques-uns, le privilége impie de l'OISIVETÉ, c'est-à-dire celui de vivre du travail d'autrui; qu'en tant qu'elle abandonne *au hasard de la naissance* le classement social des individus. »

Mais cette réunion de toutes les propriétés particulières en un fonds social comment s'opèrera-t-elle?

Sans doute elle vous parait un vain rêve, une folle utopie : et cependant, Monsieur, rien ne sera plus facile.

En effet, écoutez : il existe un grand livre de la *dette publique*.

Pourquoi n'ouvrirait-on pas également un grand livre de la *propriété publique*, sur lequel chaque propriétaire, librement et spontanément, pourrait inscrire sa propriété pour une rente annuelle de......, fixée selon la moyenne des fermages?

Dès-lors le propriétaire n'a plus à craindre les mauvaises récoltes ou les fermiers infidèles, et tous les six mois il va chez le percepteur recevoir la rente qui lui est due.

Et voilà le Gouvernement devenu sans aucune violence fermier général et véritable propriétaire d'une grande partie du sol, et pouvant faire par de longs travaux d'immenses améliorations.

Vous le voyez, le but est facile à atteindre. Que dis-je ? Nous y marchons rapidement ; et la nouvelle loi sur l'*expropriation forcée pour cause d'utilité publique*, et plusieurs autres travaux de la législation actuelle, ne sont que des pas de plus vers cet heureux résultat.

Vous dites : « Après avoir détruit le foyer domestique ils flétrirent la société conjugale. »

Détrompez-vous, Monsieur, jamais nous n'avons détruit ni prétendu détruire le foyer domestique ; mais nous avons voulu lui donner une nouvelle vie et plus large et plus sainte :

En l'arrachant à cet isolement égoïste, également nuisible aux sociétés et aux individus ;

Afin de l'associer harmonieusement au foyer de la patrie, au foyer de l'humanité.

Il est vrai que nous, *hommes*, ne voulant faire qu'une œuvre d'*homme* et ne pas empiéter sur celle de la *femme*, nous ne nous sommes occupés de ces questions que du point de vue *général*, laissant à la femme le soin de compléter toutes nos théories du point de vue *individuel* ;

Et ce n'est, le PÈRE l'a dit, qu'après que la Femme, la MÈRE aura parlé, qu'il nous sera possible de commencer une pratique nouvelle.

L'HOMME, qui, dans la société conjugale, représente l'*esprit*, a pour mission de *généraliser*; la FEMME, qui représente la *chair*, a pour mission d'*individualiser*.

C'est ce qui vous explique pourquoi vous voyez l'Homme se dévouer à sa patrie, la Femme à son amant.

L'Homme sacrifie l'*individu* à la *société*, la *chair* à l'*esprit*.

Mais la Femme réclame les *droits* de l'*individu* contre la *société*, de la *chair* contre l'*esprit*.

Ainsi, dans la POLITIQUE, l'Homme c'est l'*autorité*; la Femme c'est la *liberté*;

Comme, dans la MORALE, l'Homme c'est l'*austérité*, la Femme c'est la *volupté*;

Comme dans la RELIGION l'Homme c'est le *dévouement*; la Femme c'est la *personnalité*.

Et si, jusqu'à ce jour, l'*autorité* ne fut que du *despotisme*, et la *liberté de l'anarchie*;

Comme l'*austérité* fut toujours du *rigorisme* et la *volupté* du *libertinage*;

Comme le *dévouement* fut toujours de l'*abnégation* et la *personnalité* de l'*égoïsme*.

En un mot, s'il n'y eut jamais ni véritable POLITIQUE, ni véritable MORALE, ni véritable RELIGION,

C'est que dans la CITÉ, dans la MAISON, dans le TEMPLE, partout, la *Femme* fut subalternisée à l'*Homme*.

Car la FEMME est l'égale de l'HOMME.

Et tant qu'elle sera son ESCLAVE ou sa *servante*, rien ne sera utile et beau, rien ne sera vrai et sage, rien ne sera bon et tendre.

Et c'est pourquoi nous affirmons qu'il n'y aura d'harmonie dans le monde entre les *légitimistes* et les *libéraux*, entre les *rigoristes* et les *libertins*, entre les hommes *d'abnégation* et les *égoïstes*,

Que par l'HOMME et la FEMME, associés par AMOUR et par ÉGALITÉ:

L'HOMME et la FEMME; car en EUX DEUX seulement est la VIE;

L'HOMME et la FEMME, seule LOI VIVANTE possible désormais.

Et c'est pourquoi encore nous appelons arriérés les hommes qui prétendent se reconstituer, eux, *hommes seuls*, en LOI VIVANTE.

Ils ne comprennent pas que la révolution de 89 et tout ce qui, depuis 50 ans, se passe sous nos yeux, s'accomplit dans un but providentiel:

Débarrasser le monde de la loi vivante de l'HOMME SEUL;

Pour la remplacer provisoirement par le règne de la légalité, de la loi morte, du blanc et du noir, véritable suaire qui couvre aujourd'hui le monde,

En attendant la LOI VIVANTE de l'Homme et de la Femme.

Et c'est pourquoi enfin le PÈRE s'est démis à l'égard de ses fils de toute autorité jusqu'à la venue de la MÈRE.

Vous le voyez, Monsieur, au lieu de flétrir la société conjugale, nous proclamons au contraire qu'elle sera sanctifiée par une loi nouvelle, une loi juste et équitable, faite par l'HOMME et par la FEMME, par le premier FILS et la première FILLE de DIEU.

Et surtout nous avons voulu l'élever à des destinées plus hautes et plus belles, plus glorieuses et plus nobles, plus morales et plus religieuses.

Mais ce que nous avons flétri, c'est cette exploitation de la Femme par la *brutalité* de l'homme, exploitation contre laquelle réagit nécessairement la *ruse* de la Femme ;

C'est cette prostitution à vie, ce trafic déshonorant, dans lequel les époux, ne s'estimant pour rien eux-mêmes, se comptent réciproquement leurs écus dans un contrat de mariage ;

Et surtout cette prostitution du quart d'heure, ce marché dégoûtant et pitoyable, dans lequel la jeune fille du pauvre, jetée au pied d'une borne par son riche séducteur, se vend pour une obole aux caprices des passans.

Il ne s'agit donc pas plus dans nos doctrines de *communauté des femmes* que de *communauté des biens*.

Et si mon caractère d'Apôtre ne m'interdisait toute récrimination, je vous renverrais avec avantage les paroles que vous avez osé m'adresser :

Il était facile de dire quelque chose de moins trivial, mais impossible de rien inventer de plus perfide et de plus faux.

Mais non, mes paroles seront plus douces, et je vous dirai amicalement :

Une autrefois, Monsieur, étudiez nos doctrines avant de les critiquer; voyez-nous avant de nous faire incarcérer, et ne nous prêtez pas des sen·imens pervers si vous ne voulez pas mériter aux yeux du monde le reproche de calomniateur.

Et maintenant si je voulais, prenant phrase par phrase chacune de vos *observations*, les faire passer au creuset d'une réfutation sévère, démontrer que vos imputations sont injustes et fausses, et qu'en général vous n'avez pas compris la feuille que vous incriminiez ,

Vous le sentez, ma tâche serait facile.

Rassurez-vous, je ne profiterai pas de la position que vous m'avez faite.

Je laisse au Monde le soin d'une critique, qui, j'en ai la certitude, se fait hors de ma prison d'une manière assez large.

Quant à moi je suis Apôtre ; je ne fais pas la guei:e, pas même pour me défendre.

Et c'est pourquoi en même temps que je vous donne des leçons de moralité, je m'empresse de vous justifier devant le monde et de vous relever même à vos propres yeux.

Ainsi, je le déclare, je crois à votre bonne foi, et cela précisément parce que vous n'avez pas cru à la mienne.

Je m'explique; vous m'avez supposé des intentions secrètes et perfides, et dès-lors vous

vous êtes fait un devoir de les démasquer et de les combattre.

Homme de lutte, je vous dirais : « C'est bien, « mais vous au:iez dû mieux choisir votre temps : « attaquer un homme qui est dans les prisons, « sous la main de la justice, ce n'est pas géné-« reux. »

Apôtre de ❧ paix, je vous dis : « Il eût mieux « valu tâcher de me convertir à des intentions « meilleures. »

Vous m'avez fourni l'occasion de donner aujourd'hui à *toutes* et à *tous* et à *vous* en particulier, Monsieur, un enseignement de ma foi; je l'ai saisie en rendant graces à Dieu.

Mais je ne me défends pas; je n'ai pas à me défendre.

Je laisse donc dans votre écrit tout ce qui m'est personnel, et j'arrive à votre dernière phrase :

« *Amis de la société, levez-vous tous comme un* « *seul homme, pour défendre des droits impres-* « *criptibles et sacrés : éclairez le peuple sur ses* « *devoirs.....* »

Disons en passant que ces droits imprescriptibles et sacrés qu'il s'agit de défendre sont, dans votre pensée, relatifs aux propriétaires qui, eux sans doute n'ont que des droits, tandis que le peuple, lui, n'a rien que des devoirs.

Dans la pensée de Mirabeau, *les droits impres-criptibles et sacrés* c'étaient les droits du peuple.

Et ici nous pourrons faire une remarque importante :

Le Christianisme, religion de sacrifice, ne parlait aux hommes que de leurs devoirs et jamais de leurs droits. Il enseignait aux riches leurs devoirs envers les pauvres; aux pauvres, leurs devoirs envers les riches.

Et pour les contraindre réciproquement à l'observation de leurs devoirs, il leur montrait, pour quelques-uns, le paradis ; pour le plus grand nombre, l'enfer.

C'était le règne de la TERREUR *pour contraindre au devoir*.

Et cela était bon alors.

La cruauté des maîtres et le désespoir des esclaves livraient le monde à une guerre effroyable : il s'agissait d'établir une espèce de trève.

Il fallait amortir le combat en écrasant presque les combattans; seul moyen d'amener les partis à s'entendre et à conclure un jour le traité définitif d'une paix véritable.

Tant que le clergé, fidèle à la mission que lui donna JÉSUS, s'efforça de faire triompher les droits sacrés du peuple, la trève subsista.

Mais quand, s'étant laissé corrompre par l'or et le pouvoir, il ne prêcha plus que les droits de la puissance et les devoirs du peuple, la trève fut rompue.

Et la révolution de 89 ne prêcha plus, par une réaction sanglante, que les droits imprescriptibles du peuple et les obligations du pouvoir.

Et ce fut le règne de la TERREUR *pour maintenir le droit*.

C'est ainsi qu'il n'y eut jamais une parfaite harmonie entre *le droit* et le *devoir*, parce qu'elle n'existait pas entre l'Homme et la Femme.

Mais l'humanité est PROGRESSIVE, et l'harmonie est toujours croissante entre l'Homme et la Femme, entre le droit et le devoir, entre l'autorité et la liberté.

Sous le règne de l'*Homme seul*, l'autorité c'est du despotisme et de la tyrannie ; la liberté de l'anarchie et de la rébellion.

Mais le règne est proche de l'HOMME et de la FEMME.

Et ce sera le règne de l'AMOUR.

Appliquez-vous sincèrement à améliorer son « *sort* (le sort du peuple), *et prouvez-lui sur-* « *tout par des soins encore plus empressés, que* « *la calomnie n'altérera jamais vos sentimens* « *pour lui.*

« *Vous aurez bien mérité de vous-mêmes : vous* « *aurez bien mérité de l'humanité.* »

Vous ne sauriez croire, Monsieur, le plaisir que j'éprouve à lire et relire ces paroles, manifestation éclatante de vos sympathies populaires.

Que vous disais-je? En voulant me combattre vous vous êtes fait quasi-Saint-Simonien.

C'est bien le plus grand succès que je pouvais attendre de la feuille que vous incriminez.

Oh ! oui, le PERE, il avait bien raison :

« J'ai dit, mais je parlais pour être entendu, « surtout par ceux qui, les premiers, devaient « entendre, par ceux qui ont puissance d'affran-

« chir et qui dominent, d'associer et qui divi-
« sent, de moraliser et qui perdent.

« J'ai dit : et ils se sont efforcés de ne pas m'é-
« couter ; mais ma parole est entrée malgré eux
« dans leurs oreilles, et s'échappe à leur insu de
« leur bouche.

« Je puis donc leur laisser aujourd'hui le soin
« de la répandre. »

Oui , vous la répandez bien la parole du
PÈRE.

Je vous en félicite, Monsieur, je vous en glo-
rifie.

Et vous, riches, vous ne l'aurez pas vainement
entendue cette grande parole, exprimée avec une
conviction profonde par un homme d'entre
vous : *Appliquez-vous sincèrement à améliorer
le sort du peuple.*

Et, ne le savez-vous pas? En améliorant le
sort du peuple, c'est aussi votre propre sort que
vous améliorez.

On vous appelle les heureux de la terre ; le
pauvre envie votre bonheur ; mais, franchement,
êtes-vous heureux ?

Non, vous aussi vous souffrez, vous souffrez,
car le peuple souffre , car vous êtes hommes, et
vous ne pouvez être indifférens à des souffrances
d'hommes.

En vain fermez-vous vos oreilles aux cris
plaintifs de l'infortune, ces cris arrivent à vos
cœurs et viennent troubler vos plaisirs.

Si quelques voix généreuses s'élèvent au milieu de vous pour réclamer les droits du peuple, vous sentez partout votre corps les frissons d'une fièvre dévorante.

Sans cesse vous avez devant les yeux la misère travailleuse rugissant contre l'opulence oisive.

Assis sur le volcan des révolutions, vous tremblez à toute heure qu'il n'éclate.

Car vous le savez, le Peuple !.... Il est terrible en sa colère.

C'est donc aussi votre bonheur à vous-mêmes, riches, que nous demandons.

Ah! dites-le moi, si ces gémissemens aigus qui chaque jour vous percent l'ame faisaient enfin place à des chants d'allégresse; si ces vociférations de la haine qui si souvent vous troublent étaient changés en des concerts d'amour, dites, quelle ne serait point votre félicité?

Qu'il est doux le plaisir de faire des heureux!

Lorsque nous avons inscrit sur nos bannières ce programme nouveau :

TOUTES LES INSTITUTIONS SOCIALES DOIVENT AVOIR POUR BUT L'AMÉLIORATION PACIFIQUE DU SORT MORAL, PHYSIQUE ET INTELLECTUEL DE LA CLASSE LA PLUS NOMBREUSE ET LA PLUS PAUVRE.

Ce n'était point exclusivement à améliorer le sort du peuple que tendaient nos efforts.

Et d'ailleurs, sous le rapport matériel, nous avions continuellement en vue la solution de cet important problème:

Trouver les moyens d'enrichir le pauvre sans appauvrir le riche.

Toute notre économie politique est là.

Vous le voyez, riches, nous vous aimons. Et comment pourrions-nous ne pas vous aimer? N'êtes-vous pas nos frères?

Et nous, ne sommes-nous pas des hommes religieux? N'embrassons-nous pas TOUTES et TOUS dans la PASSION d'un immense AMOUR?

Pourquoi donc, quand j'ai fait le tableau, malheureusement trop vrai, des misères du peuple, au lieu de réfléchir aux sentimens qui m'animent, vous êtes-vous effrayés de mes paroles?

Mais, je le dirai avec la franchise de l'apôtre nouveau, si malgré mes efforts à prêcher la patience et la paix, ma parole a jeté dans votre esprit une certaine terreur, c'est qu'en effet elle a été rude et sévère.

Car elle était la parole de l'Homme, et à la Femme seule il appartient de réclamer les droits du peuple.

La parole de la Femme est douce et gracieuse; on ne peut s'en effrayer; elle s'insinue dans les cœurs et amollit les plus durs.

Vienne donc, vienne la FEMME, qui, affranchissant son sexe de la servitude de l'homme, fera sentir à toutes ses sœurs la haute mission que le ciel leur confie!

Vienne la FEMME, cet ange de liberté, de

tendresse et d'amour, qui saura dire une parole
également aimable aux riches et aux pauvres!

Quant à moi, quel que soit pour moi-même
le résultat de mes paroles d'*Homme*, je suis con-
tent, si, après avoir provoqué, de la part d'un
homme riche, d'un magistrat distingué, la manifestation d'heureuses sympathies, elles font dé-
sirer à *toutes* et à *tous* la bienvenue de la FEMME;
et si, riches et pauvres, unissent leurs voix à la
mienne pour chanter tous ensemble :

Salut au PÈRE! espoir en la MÈRE!

Gloire à DIEU!

Vidal,

APÔTRE,

COMPAGNON DE LA FEMME !

A BEZIERS, VEUVE BORY IMPRIMEUR-LIBRAIRE.

www.ingramcontent.com/pod-product-compliance
Lightning Source LLC
Chambersburg PA
CBHW060808280326
41934CB00010B/2608